AUX FRÈRES COADJUTEURS

De la Compagnie de Jésus.

AUX FRÈRES COADJUTEURS

De la Compagnie de Jésus.

LE

BIENHEUREUX ALPHONSE RODRIGUEZ

Coadjuteur temporel de la Compagnie de Jésus

Né à Ségovie le 25 Juillet 1531,
Mort à Majorque le 30 Octobre 1617,
Béatifié le 12 Juin 1825.

A. M. D. G.

BORDEAUX

IMPRIMERIE ADRIEN BOUSSIN, RUE GOUVION, 20.

LE BIENHEUREUX ALPHONSE RODRIGUEZ

PATRON DES FRÈRES COADJUTEURS DE LA COMPAGNIE DE JÉSUS

Béatifié le 12 Juin 1825, par Sa Sainteté LÉON XII.

I

RÉSUMÉ DE SA VIE

Traduit de la légende du Bréviaire romain pour le jour de sa fête, 30 Octobre.

Première leçon. — Alphonse RODRIGUEZ était né en Espagne, à Ségovie, d'un père nommé DIDACE, qui était marchand. Il donna, dès son enfance, des indices remarquables de sa future sainteté. Secondant en effet avec zèle les soins pieux de ses parents, Il faisait, encore tout petit enfant, ses plus chères délices de servir avec un très-grand esprit de religion les prêtres qui officiaient à l'autel, et aussi d'honorer, avec une extrême ardeur, la Très-Sainte Mère de Dieu. Envoyé à Alcala pour y apprendre les lettres, comme son père mourut assez tôt après, Il en fut rappelé par sa mère pour faire le négoce ; et, à son instigation, Il fut uni par les liens du mariage à une très-honnête jeune fille. Durant cette union, ne laissant pas de rechercher avec sollicitude les choses de Dieu, Il mena une vie toute adonnée à l'exercice des œuvres de la piété. Mais appelé de Dieu à de plus grands desseins, dès qu'Il se vit privé, par la mort, de sa femme et des deux enfants qu'Il avait eus d'elle, Il se décida à renoncer au négoce et à tout ce qui est de la terre, pour entrer dans la carrière d'une vie plus parfaite. En conséquence, après s'être purifié par une confession générale de toutes les fautes de sa vie, Il se consacra entièrement à la prière, à la contemplation des choses divines, aux veilles, aux jeûnes, aux flagellations, afin que, mort à la chair, Il vécut selon l'esprit.

Deuxième leçon. — Or, tandis qu'Alphonse s'avançait dans la voie de la perfection chrétienne avec tant d'ardeur et de succès, afin de s'attacher toutefois à Dieu plus étroitement et plus solidement encore, Il songea, dès lors, à embrasser quelque institut religieux. Comme Il s'occupait de cette délibération, après avoir compris par une vision particulière qu'Il était appelé à la Compagnie de Jésus, et que d'ailleurs Il savait n'être que peu ou point avancé dans les études littéraires, Il demanda instamment et obtint d'être admis au sein de cette Société dans l'humble degré des Frères Coadjuteurs. Ses vertus brillèrent d'un plus vif éclat dans la carrière de la vie religieuse, et en première ligne une humilité et une obéissance admirables, le mépris de Lui-même et du monde, le zèle de la prière, l'amour de la pauvreté, l'observation la plus exacte de tous les préceptes. Pour protéger sa pureté, il joignit à la garde de ses sens jusqu'aux tourments infligés à son corps. Durant plus de quarante ans, aux plus graves infirmités supportées avec une invincible patience s'ajouta la cruelle fureur et la lutte des esprits du mal contre Lui. Toutefois, avec le secours de la Bienheureuse Vierge, dont la présence et l'entretien le ranimaient de temps en temps, Il eut la force de déjouer toujours leurs ruses et de réduire à néant leurs assauts.

Troisième leçon. — Brûlant de charité pour le prochain, Il s'appliqua avec soin au salut des âmes, autant qu'il était en Lui, non-seulement par ses prières mais aussi par ses pieuses exhortations et ses salutaires conseils, principalement envers ceux qui se présentaient à la porte, dont pendant plus de trente ans Il fut le gardien au collége de Majorque, toujours parfait exemple d'humilité, de patience et de charité. En outre, il ne contribua pas peu au salut des âmes, même par un certain nombre d'écrits remplis d'une sagesse toute céleste. Il est difficile de dire de quel ardent amour Il brûlait pour la sainte Vierge mère de Dieu, principalement sous le titre d'Immaculée-Conception, quels sentiments de piété Il avait pour Elle, et combien, en retour, Il fut abondamment récompensé par Elle. Le maniement assidu des grains du Rosaire qu'Il avait appris à réciter, dès son enfance, avait formé un calus à ses doigts, ainsi qu'on le remarqua après sa mort. Rien ne Lui était plus agréable que de servir au saint Sacrifice de la Messe ; et pendant ce temps, Notre-Seigneur Jésus-Christ se montra parfois visible à Lui. Gratifié du don d'une très-haute contemplation et du don des larmes, jouissant d'une perpétuelle familiarité avec Dieu, dans le sein duquel Il était souvent ravi, l'âme dégagée des sens, rempli de l'esprit de prophétie, de la grâce des guérisons, de bien d'autres dons divers et surtout de mérites, consumé par ses mortifications volontaires, ses longues infirmités et son grand âge, Il sentit, enfin, arriver le terme de son pèlerinage. Alors, muni des sacrements, et après avoir prononcé avec une tendre suavité les très-saints noms de Jésus et de Marie, Il s'endormit dans le Seigneur, à l'aurore de la vigile de la Toussaint, la quatre-vingt-sixième année de son âge, après quarante-six ans de religion, l'an du salut mil six-cent-dix-sept, au collége de Palma dans l'île Majorque. Ses funérailles furent honorées par la présence du clergé séculier et régulier, des grands et de presque toute la ville. Des miracles s'opérèrent aussitôt après. Ces miracles, ainsi que ses vertus, ayant été juridiquement examinés et approuvés, le Souverain Pontife Léon XII, l'année du Jubilé mil huit-cent-vingt-cinq, dans une cérémonie solennelle, lui donna rang parmi les Bienheureux.

—

A cette notice consacrée par l'Eglise, nous n'ajouterons qu'une réflexion pour glorifier la Providence de Dieu Notre-Seigneur sur notre petite Compagnie, et en même temps consoler, encourager nos chers Frères Coadjuteurs : c'est que le bienheureux Alphonse fut élevé sur les autels dès les premières années qui suivirent le rétablissement de notre Société dans tout l'Univers, comme pour nous donner les espérances fondées d'une multiplication et d'une prospérité nouvelles. En effet, ceux qui n'avaient point eu jusque-là, comme les autres membres de la Compagnie, de patron spécial à invoquer publiquement dans leur degré, en recevaient un de l'Eglise, à l'aurore même de notre merveilleuse résurrection. Que tous nos Frères

voient donc, dans ce fait manifeste-
ment providentiel, une preuve de l'im-
portance de leur vocation, de l'hon-
neur qui s'attache à leur degré et à
leurs emplois; qu'ils y trouvent surtout
un stimulant pour acquérir les vertus du
bienheureux Alphonse, afin de contri-
buer à rendre la nouvelle Compagnie
florissante pour la plus grande gloire
de Dieu.

II

MESSE EN L'HONNEUR DU BIENHEUREUX ALPHONSE

Traduite du Missel romain.

INTROÏT. *Psaume 91.* — Le juste
fleurira comme le palmier. Il se mul-
tipliera comme le cèdre du Liban. Il
est planté dans la maison du Seigneur,
dans les parvis de la maison de notre
Dieu. Il est bon de rendre hommage
au Seigneur, et il est bon, Dieu Très-

Haut, de chanter votre nom. Gloire au Père, etc...

Collecte. — Mon Dieu, force des faibles, et grandeur des humbles, qui avez voulu rendre illustre votre serviteur Alphonse par une ardeur continuelle de mortification et le mérite éclatant d'une parfaite humilité ; faites qu'à son imitation, mortifiés dans notre chair et fidèlement persévérants à suivre dans l'humilité la croix de votre Fils, nous obtenions la gloire éternelle de Celui qui vit et règne avec Vous en l'unité du Saint-Esprit dans les siècles des siècles. *Amen.*

Leçon de la 1re Epitre de St-Paul aux Corinthiens, chap. 4. — Mes Frères, nous sommes devenus un spectacle pour le monde, et pour les anges, et pour les hommes. C'est nous qui sommes insensés pour Jésus-Christ, et c'est vous qui êtes prudents en Jésus-Christ ; c'est nous qui sommes faibles, et c'est vous qui êtes forts ;

vous qui êtes nobles, et nous qui sommes méprisables. Jusqu'à cette heure, à nous la faim, à nous la soif, à nous la nudité, à nous d'être souffletés, à nous de n'avoir aucune stabilité, à nous de prendre de la peine par le travail de nos mains. Nous sommes maudits et nous bénissons; nous souffrons la persécution, et nous ne cédons pas; nous sommes blasphêmés, et nous intercédons pour nos adversaires; nous sommes devenus comme les immondices de ce monde et la balayure universelle, jusqu'à présent. Ce n'est pas pour vous confondre que j'écris ces choses, mais je vous donne ces avertissements comme à mes fils très-chers; tout cela en Jésus-Christ Notre Seigneur.

GRADUEL. *Psaume 36.* — La bouche du Juste méditera la sagesse et sa langue parlera le langage du jugement.

℣. La loi de son Dieu est dans son

cœur, et Il ne sera pas supplanté dans sa marche. *Alleluia, Alleluia.*

℣. *Psaume III.* — Bienheureux l'homme qui craint le Seigneur et qui a mis tous ses désirs dans l'observation de ses commandements. *Alleluia.*

Suite du saint evangile selon S. Luc, *chap. 12.*

En ce temps-là, Jésus dit à ses disciples : Gardez-vous de craindre, petit troupeau, parce que c'est à vous que le bon plaisir de votre Père a voulu donner son royaume. Vendez ce que vous possédez et donnez-le en aumône. Faites-vous des sacs d'argent qui ne veillissent point, et dans les cieux un trésor qui ne s'épuise point, d'où le voleur n'approche point et que le ver ne corrompt point. Car là où est votre trésor, là sera aussi votre cœur.

Offertoire. *Psaume 20.* — C'est dans votre vertu, Seigneur, que se réjouira le Juste, et c'est sur votre appui salutaire que repose son ardente allégresse. Vous lui avez accordé ce qui a été tout le désir de son âme.

SECRÈTE. — Que nos oblations, nous vous en prions, Seigneur, aient pour se recommander à Vous, l'intercession du bienheureux Alphonse, que Vous avez ranimé par la douceur des dons d'en haut, pendant qu'Il priait devant les autels. Par Notre Seigneur Jésus-Christ.

COMMUNION. *St-Matthieu, 9.* — En vérité je vous dis que Vous qui avez tout quitté et m'avez suivi, vous recevrez le centuple, et posséderez la vie éternelle.

POST-COMMUNION. — Que cette table céleste, Seigneur, nous obtienne l'esprit de force, afin qu'à l'exemple du bienheureux confesseur Alphonse, après avoir triomphé des embûches des ennemis de notre salut, nous mé-

ritions de jouir de la paix éternelle.
Par Notre Seigneur Jésus-Christ.

III

LITANIES

DU

BIENHEUREUX ALPHONSE RODRIGUEZ

Modèle des Coadjuteurs temporels de la
Compagnie de Jésus.

Seigneur, ayez pitié de nous.

Jésus-Christ, ayez pitié de nous.

Seigneur, ayez pitié de nous.

Jésus-Christ, écoutez-nous.

Jésus-Christ, exaucez-nous.

Père céleste, qui êtes Dieu, ayez pitié de nous.

Fils, Rédempteur du monde, qui êtes Dieu, ayez pitié de nous.

Esprit Saint, qui êtes Dieu, ayez pitié de nous.

Sainte Trinité, qui êtes un seul Dieu, ayez pitié de nous.

Sainte Vierge Marie, patronne et mère du bienheureux Alphonse, priez pour nous.

Bienheureux Alphonse, notre patron, priez pour nous.

Bienheureux Alphonse, notre modèle dans l'humilité religieuse, priez pour nous.

Bienheureux Alphonse, notre modèle dans la pauvreté religieuse, priez pour nous.

Bienheureux Alphonse, notre modèle dans la chasteté religieuse, priez pour nous.

Bienheureux Alphonse, notre modèle dans l'obéissance religieuse, priez pour nous,

Bienheureux Alphonse, notre modèle dans l'amour de notre sainte vocation, priez pour nous.

Bienheureux Alphonse, notre modèle dans l'observation de nos saintes règles, priez pour nous.

Bienheureux Alphonse, notre modèle dans la pratique de la modestie religieuse, priez pour nous.

Bienheureux Alphonse, notre modèle dans la pratique de la mortification religieuse, priez pour nous.

Bienheureux Alphonse, notre modèle dans la pratique de la charité fraternelle, priez pour nous.

Bienheureux Alphonse, notre modèle dans le soin de bien remplir tous les emplois, priez pour nous.

Bienheureux Alphonse, notre modèle dans la pratique de l'oraison, priez pour nous.

Bienheureux Alphonse, notre modèle dans la pureté de conscience, priez pour nous.

Bienheureux Alphonse, notre modèle dans la dévotion à la divine Eucharistie, priez pour nous.

Bienheureux Alphonse, notre modèle dans la sainte Communion, priez pour nous.

Bienheureux Alphonse, notre modèle dans la manière de servir la sainte Messe, priez pour nous.

Bienheureux Alphonse, notre modèle dans la dévotion à la Très-Sainte Vierge, priez pour nous.

Bienheureux Alphonse, notre modèle dans le respect que nous devons aux prêtres, priez pour nous.

Bienheureux Alphonse, notre modèle dans le zèle pour le salut des âmes, priez pour nous.

Bienheureux Alphonse, notre modèle dans la patience à supporter les maladies et les infirmités corporelles, priez pour nous.

Bienheureux Alphonse, notre modèle dans la vie et dans la mort, priez pour nous.

Agneau de Dieu qui effacez les péchés du monde, pardonnez-nous, Seigneur.

Agneau de Dieu qui effacez les péchés du monde, exaucez-nous, Seigneur.

Agneau de Dieu qui effacez les péchés du monde, ayez pitié de nous, Seigneur.

℣ Priez pour nous, bienheureux Alphonse,

℟ Afin que nous soyons rendus dignes des promesses de Jésus-Christ.

ORAISON

Mon Dieu, force des faibles et grandeur des humbles, qui avez voulu rendre illustre votre serviteur Alphonse par une ardeur continuelle de mortification et le mérite éclatant d'une parfaite humilité ; faites qu'à son imitation, mortifiés dans notre chair et fidèlement persévérants à suivre dans l'humilité la croix de votre Fils, nous obtenions la gloire éternelle de Celui qui vit et règne avec Vous en l'unité du Saint-Esprit dans les siècles des siècles. *Amen.*

A. M. D. G.